特别会说话

[日] 户田久实　著

[日] 岩井俊宪　主编

高怀冰　译

江苏凤凰科学技术出版社 · 南京

江苏省版权著作权合同登记 图字：10-2018-242号

图书在版编目（CIP）数据

特别会说话 /（日）户田久实著 ；（日）岩井俊宪主编 ；高怀冰译． -- 南京 ：江苏凤凰科学技术出版社，2025. 5. -- ISBN 978-7-5713-5108-3

Ⅰ. H019-49

中国国家版本馆 CIP 数据核字第 2025ZW6059 号

特别会说话

著　　者	[日] 户田久实
主　　编	[日] 岩井俊宪
译　　者	高怀冰
责任编辑	向晴云
责任设计	蒋佳佳
责任校对	仲　敏
责任监制	方　晨
出版发行	江苏凤凰科学技术出版社
出版社地址	南京市湖南路 1 号 A 楼，邮编：210009
出版社网址	http://www.pspress.cn
印　　刷	天津睿和印艺科技有限公司
开　　本	880 mm × 1 230 mm　1/32
印　　张	6
字　　数	116 000
版　　次	2025 年 5 月第 1 版
印　　次	2025 年 5 月第 1 次印刷
标准书号	ISBN 978-7-5713-5108-3
定　　价	39.80 元

“干得漂亮！”

“做得很好！”

“努力了哟！”

“真有你的！”

平时我们在职场上和生活中常说的话，实际上无法表达自己真实的想法。

究竟是什么地方不对呢？

前言

人际关系可以靠语言改变！

前一页中的说法，看似是好话，实际上却是居高临下，以评价对方的态度说出的话。

如果经常重复这样的话，被讲的一方就可能变成这样一种人——没有表扬就不做，没有奖励就不动。

与弗洛伊德、荣格并称为“三大心理学巨头”的阿德勒认为：

“人类所有的烦恼都来自人际关系。”

人际关系，是人类永恒的主题。无沟通，则无人际关系。

不同于本书开头的错误说法，阿德勒心理学所传递的，是用平等的眼光来看待对方所做之事，并产生同理心。

“○○你这次的成果，我也替你开心！”

“○○你这次可真帮了我大忙！”

“□□是○○你努力的成果啊！”

这样的话语能够激励到对方，让他们充满自信地积极行动。

我每年面对大约 5000 名听课学生，以“顺畅沟通”为主题，举办企业培训和演讲。

在这些场合里，对于因工作、恋爱、婚姻、家庭方面问题向我咨询的人，我总是这样告诉他们：

“请试着改变你的语言。”

关于处理人际关系问题的方式，阿德勒心理学中如此提到：

“关键不在于依靠力量，
而在于依靠说话
来解决问题。”

仅仅改变一下平时使用的话语，人际关系就会变得不可思议的和谐。

仅仅一句话、仅仅一分钟就可以改善人际关系，你难道不认为问题比想象的容易解决吗？

但是如果我们仅仅停留在思考层面，别人是无法理解的。

每个人都有不同的价值观和偏好。

正因为如此，为了能够相互理解，我们需要用语言来表达自己的所思所想。

在此基础上，如果能高明地讲话，自然而然，不管是你的人际关系，还是你的工作，都会变得顺利。

本书特别推荐给以下读者。

- 怕生的人
- 不擅长说话的人
- 不擅长自我表达的人
- 因害怕被人讨厌而闭口不言的人
- 想要跟谁都相处融洽的人
- 一言不合就跟对方吵架的人
- 经常由于讲得不好而后悔的人
- 想要变成善于表达自己想法的人
- 身边有难以沟通的对象的人
- 对他人无法顺利提意见的人

掌握了语言的力量，就意味着在任何时代、任何场合，你都具备了生存的能力。

“不管面对什么样的人，都想要做自己，建立轻松的人际关系！”

“不苛责他人和自己，想要轻松地活下去！”

“想要在工作中被信赖，被更多人喜欢！”

如果你有上述愿望，请一定要掌握语言的力量，建立更轻松的人际关系！

户田久实

目录

序章

阿德勒心理学基本术语

第一章

处理不好人际关系之人的10大特征

第三章

被认为“这人值得信赖”的 8 大倾听方法

第四章

让所有人都舒服的 9 大说话之道

第五章

这种时候怎么办？不同场景下的表达方式

工作篇

第六章
这种时候怎么办？不同场景下的表达方式
生活篇

序章

阿德勒心理学基本术语

本书基于数量众多的阿德勒心理学观点，尤其是接下来将逐一介绍的术语和观点。

阿德勒心理学
基本术语

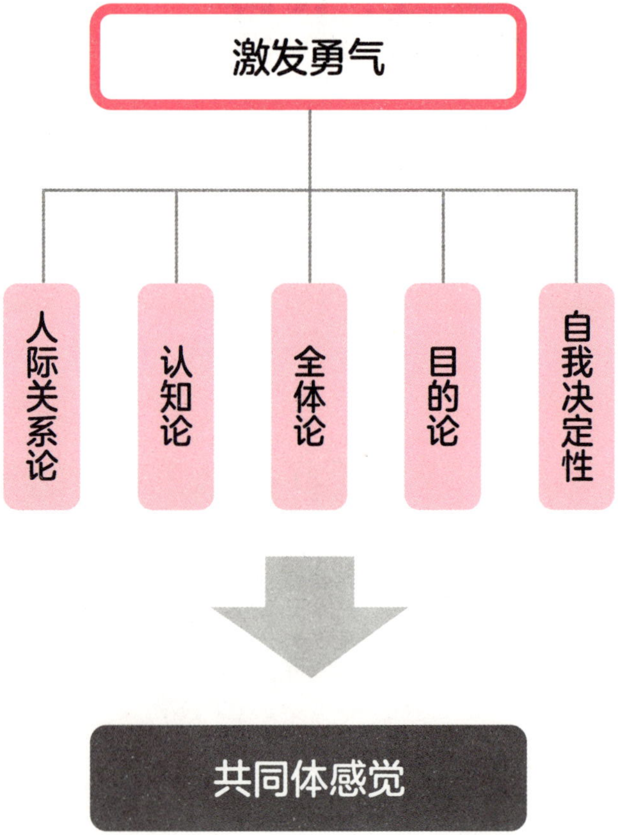

激发勇气

阿德勒心理学被称为“激发勇气的心理学”。

激发勇气也就是“给予克服困难的活力”。

每个人都会遇到这样或那样的困难。阿德勒心理学的基本思想旨在让人们主动克服困难。希望人们基于尊敬、信赖以及同感共情来激发他人的勇气，同时也使自身获得勇气。

“○○你这次的成果，我也替你开心！”

“○○你这次可真是帮了我大忙！”

“△△，正是○○努力的结果呢！”

勇敢的人

- 独立
- 坚信自己的能力
- 客观对待自己的缺点和不足
- 视失败或挫折为学习、成长的机会
- 对未来充满信心
- 承认自己与他人的不同
- 与他人是合作关系
- 可以控制自己的情绪

VS

怯弱的人

- 缺乏独立性，依赖他人
- 觉得自己无能
- 为自己的缺点和不足找理由
- 视失败或挫折为致命一击
- 对未来感到悲观
- 害怕自己与他人不同
- 与他人是竞争关系或有一定距离
- 无法控制自己的情绪

激发勇气的人

- 动力来自尊敬和信赖
- 乐观（正面思考）
- 目标导向
- 通观大局
- 加分主义
- 发现优点
- 重视过程
- 重视人格
- 重视合作（重视与周围人的合作）
- 善于倾听
- 容许失败

VS

挫伤勇气的人

- 动力来自恐惧
- 悲观（负面思考）
- 原因导向
- 苛求细节
- 减分主义
- 挑出不足
- 重视结果
- 轻视人格
- 重视竞争（好与周围人比较，保持敌意）
- 不善于倾听
- 不容许失败

自我决定性

阿德勒说：“人能够主宰自己的命运。”人虽然受到环境和过去事件的影响，但如何认识、如何决定自己的行为和态度，取决于个人本身。

过去、环境以及对象都无法改变，但是自己却能改变——这样的观点就是“自我决定性”。

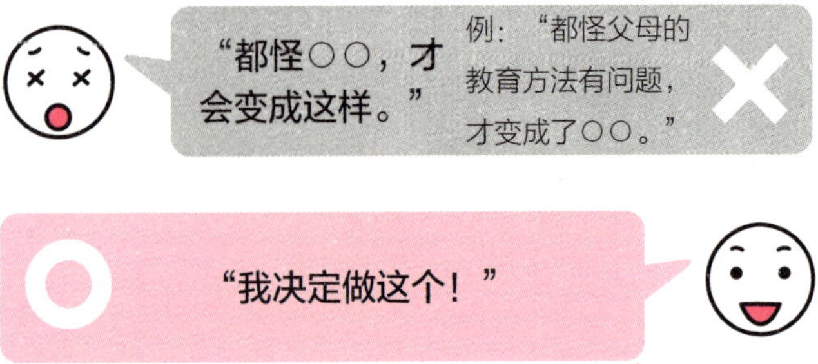

目的论

阿德勒心理学被称为未来导向的“目的论”心理学：不关注过去的原因，即使苦想“为何会发展到这一步”，也不能解决问题；眼光放到未来，建设性地**思考“如何才能解决问题”，竭尽全力去做才是当务之急。**

阿德勒心理学还认为所有人的行为都有其目的。别人为何要采取这样的行为，把握其目的并加以理解是非常重要的。

这些统称为“目的论”。

自卑感

与前文中的“自我决定性”和“目的论”密切相关的是“自卑感”。与他人比较，感到自己略逊一筹，或是面对现实的自己与理想目标之间的差距时，所抱有的消极情绪（痛苦、后悔、羡慕、焦虑、恐惧等），统称为“自卑感”。

阿德勒认为自卑感是“一种正常的努力和成长的刺激，能够促进健康”。如果依照“自我决定性”和“目的论”的观点，想让自己朝着目标行动、过更好的生活，就可以将“自卑感”视为朋友。

反之，则会出现以下情况。

优越情结

与自卑相对的是炫耀、优越的态度。其实，它与自卑情结同源。

通过炫耀自己的家世、人际关系和能力等，来显示自己的优越感。

“我出生在○○，我跟名流有很多往来。”

自卑情结

刻意暴露自己的无能之处，以此逃避人生必须面对的课题。

“反正因为我○○。”

全体论

人们通常认为意识与无意识、理性和感性是对立的。比如说，理智上可以理解，但情感上不能接受的事大有存在。全体论的观点却认为，人的心理原本就是无法割裂的，所有的情感、意识……都是一个整体。

“我当然明白，但就是戒不掉。”

这种情况，实际上是“不想做”（不想戒掉）。

×

○

“无论怎样的自己，都是真正的我。”

认知论

因为人生活在自己的主观世界中，所以无法客观地把握事物的原貌。

因此，即使看了、听了或者是体验了同样的事物，每个人的认识、理解都千差万别。

基本错误

基本错误指的是以自我地、主观地看待事物的方式，在赋予价值时毫无意义的认知。

过度通用—— 有一件事情没有顺利进行，就认定其他事情也无法顺利进行。

"我是什么都做不好的废人！"

夸张——使用夸张的表达。

"大家都讨厌我。"
"都是你的错。"
"你老是迟到。"

妄下结论——事实并非如此，却已有断定。

"你一定是反对我的意见。"
"那个人肯定讨厌我。"

人际关系论

阿德勒说：“**人的一切行为，都是存在对象的人际关系。**”这个存在对象的观点在阿德勒心理学中被称为“人际关系论”。人因为对象的不同，而改变自己的情绪和行为。

此外，心智健全的人因对象改变而考虑改变自身，反之，心智不健全的人则考虑改变对方。

横向关系

“横向关系”即构建平等关系。人虽有立场、年龄、职位等纵向上的不同，但作为人本身是平等的。人与人之间并非要建立控制对方的支配关系，也并非建立贬低自己、低人一等的上下级关系，而是在维持平等关系的前提下，基于相互信赖、同感共情、合作进行沟通。

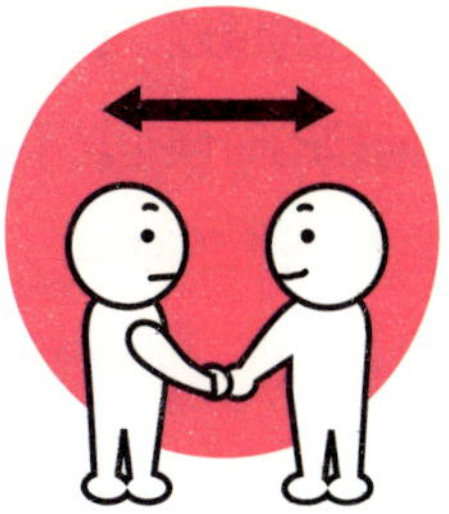

课题分离

“人际关系论”中，另一个非常重要的观点是“课题分离”。具体来说就是在与他人的关系中，明确一件事情究竟是别人的课题，还是自己的课题，从而不要去干涉别人或被别人干涉。

无法分离课题时的表达

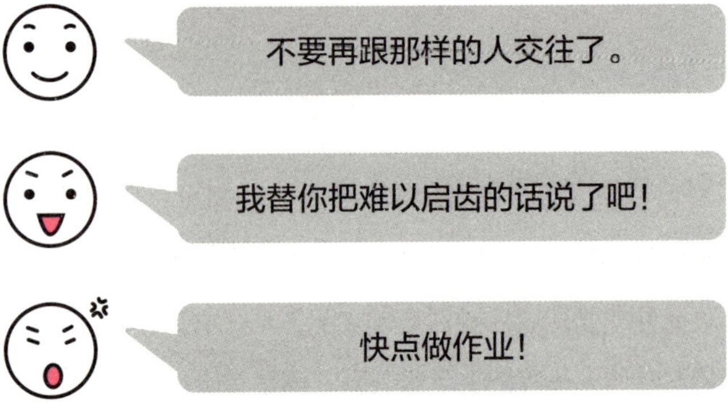

是不是有过遇到问题时，别人未寻求帮助，你就插手别人的课题，说“一定要做些什么”或想要替别人解决问题的时候？是不是有过本来是自己的课题，却怪罪到别人身上的时候？

自己的课题

- 自己的工作繁重。
- 事情没有按照预期发展，心情焦躁不安。
- 好友与自己觉得差劲的人交往，很担心。
- 认为下属的工作安排非常不当，想要告诉他更好的做法。
- 跟婆婆相处不好。

别人的课题

- 同事接手了很多活，非常烦恼。
- 孩子不学习。
- 下属来不及完成今天必须做完的工作。

  ※如果答应帮忙，则是“共同课题”。
- 别人心情不好。

  ※如果觉得别人的不开心是自己造成的，并感到烦恼，则是“自己的课题”。

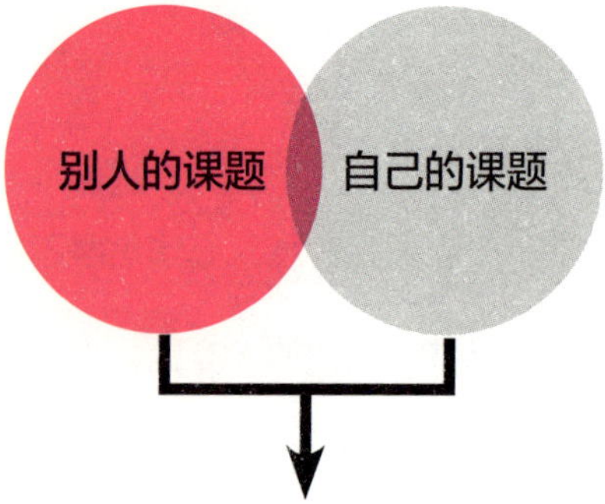

自己的课题

- 别人就他的课题来找你商量或者拜托你的情况。
- 因为有交集而惹上麻烦的情况。

※但是，不要干涉太多！要明确底线（能做到的、做不到的）。

共同体感觉

共同体感觉是指在家庭、地区、职场等共同体中，感觉自己是其中一员。

阿德勒心理学重视提升“共同体感觉”。这也是精神健康的一个参数。

拥有共同体感觉的人，能够做到尊重跟自己打交道的人，关心他人之关心，并且能积极地合作。

自我接纳

拥有共同体感觉的人，理解自己（自我认知），知道自己的优缺点，同时，也能够承认并接受这样的自己。这称为“自我接纳”。

与自恋的不同

自恋是指不愿正视自己的缺点，试图站在比对方更有优势的地位，采取竞争的态度看待或对待别人。

专栏

没必要做“老好人”

做“老好人”与建立真正的友好关系不是一回事。真正的友好关系是可以互相说出心里话，并进行沟通的关系。

改变这种状况重要的是，不介意别人如何评价自己。如果不再被“别人如何评价自己”所困扰，自然就明白自己真正想要做什么、想要说什么了。

第一章

处理不好人际关系之人的10大特征

处理不好人际关系之人的特征，大致可以分为10个。你或是周围的人有与之相吻合的特征吗?

01 动不动就负面思考

在人际关系中，习惯往坏处想，总是想着“要是变成这样，该怎么办……”“自己做不到啊”，并以这种心态待人接物。

就算有什么好事，也往往认为“这样的事情可能不会长久”。

02

动不动就与他人做比较

“跟他相比，我是优秀的”“我不如他能干”等，总是把他人作为自我评价的标准。

03

不善于倾听，老打断他人说话

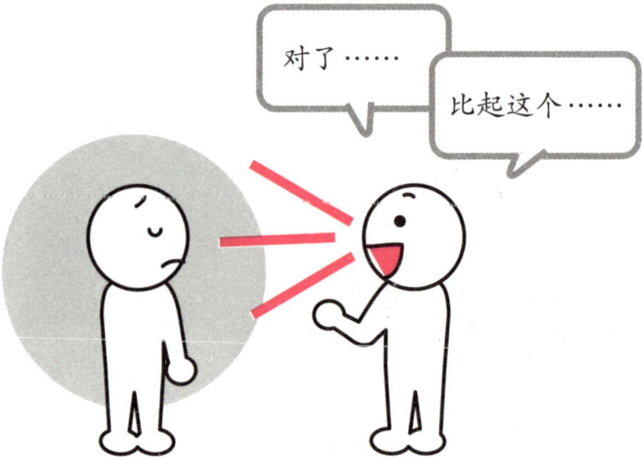

常见的情况：①打断别人讲话；②别人讲话无法听到最后；③不愿听取与自己不同的意见。

一般有这类特征的人，不知道自己听别人讲话时的态度会给对方带来什么样的影响。

04

企图用愤怒来支配别人

这种行为经常出现在企图用愤怒支配别人的人身上。他们故意大声叫喊、劈头盖脸地否定别人，想要让对方按照自己的意愿来行动。

这种情形下，即便当下企图支配他人者如愿以偿，但是之后和别人关系变差的情况很多。

05

“○○你真好啊”——只会羡慕他人

“○○你真好啊，我是这样的一个人……”强调自己不如对方。多次重复，就会让对方对你有所顾虑。

刻意暴露自己的无能之处，以此来避免人生必须面对的课题。

06
“但是”“因为”“反正”是口头禅

不信任自己和别人，流露出不愿改变的心思。

因为不能真诚地接受别人的意见，最终导致谁也不愿意提出意见或者建议。

07

无法容纳与自己想法不同的人

自以为是，所有的判断都是基于“应该做○○”“应是○○”的个人价值观。

将与自己价值观不合的人等同于恶，将不能如愿以偿的事视为他人之错。因为与自己的价值观完全一致的人其实非常少，所以如果一直有这样的想法，内心就永远不会满足。

08

时刻把“可怜”挂在嘴边，以求关注

情绪不是为自己存在的，而是表现给别人看的。没有自信，所以只好用负面情绪或行为来引起别人的关注。因为会给别人造成痛苦，最终身边之人纷纷离去。

09

认为沟通存在输赢

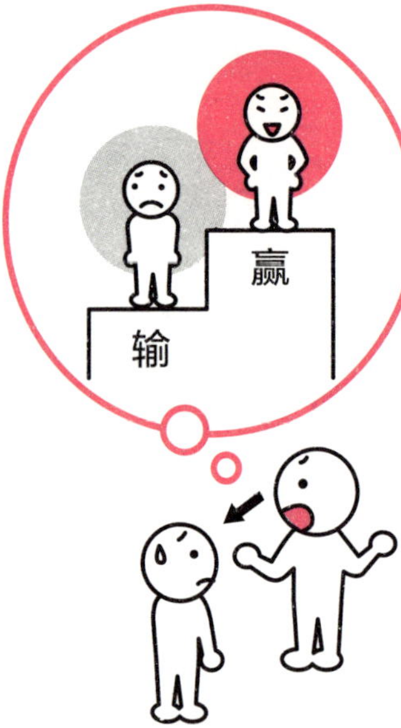

每当服从别人的意见，或是自己的意见未被认可时，就觉得输了。原本希望通过沟通来解决问题的目标已经模糊不清。只要继续采用纵向的沟通方式，处理不好人际关系的状况就无法改善。

10 承认错误就觉得输了

被责备或被指出错误时，马上找借口，并把错误推到他人身上。

别人提意见，则觉得自己本身被否定。这种人的内心深处藏有自卑感，并且害怕面对它。

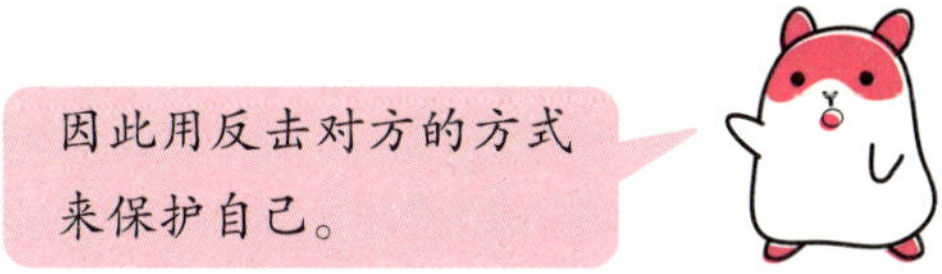

专栏

把自卑感视作成长的种子

阿德勒认为自卑感是“一种正常的努力和成长的刺激，能够促进健康”。他曾说：“每个人都有不同程度的自卑感，并追求成功和优越，由此构成了人的精神生活。”

1. 自卑感，是拥有目标并努力追求更美好生活的感情。

2. 自卑感是不可或缺的朋友，回顾你今天所拥有的，很多方面可以归功于自卑感的积极的方面。

（岩井俊宪）

也就是说，感到自卑可以促进成长。今后不要责备自己，也不要卑躬屈膝，而要试想：“接下来，该怎么办？”

第二章

处理好人际关系的18大定律

也有人跟谁都能相处得很好。

那么，这些擅长沟通的人，究竟有什么诀窍呢？

本章将揭晓其中的18大定律。

01 能够以“该怎样做”的方式思考问题

能做到这点

在不责备自己和他人的情况下解决问题

出现问题后，思考一下怎样才能妥善处理。这是一种建设性的想法。能做到这点的人，就不会执着于挑毛病，而能够着眼于“怎样做才好”，并将这种心情传递给对方。

试着在大脑中想象这样一个画面：建设性地思考与对方之间的问题，就像是两人并排而坐，看着同一个方向，而不是相对而坐。

02

承认自己与他人的不同

能做到这点 跟自己不合的人就会减少

人都有“应该这样……”的价值观，并会自己定义“通常”的标准，认为这是“理所当然”的事。擅长人际交往的人，不会强调自己与别人的不同，而是知己知彼之后，相互认可。

如果知道“对自己来说是真相的，并非对于所有的人都是真相”，就会变得轻松，也能与人融洽相处。

03

不被情绪所左右

能做到这点

就不会与他人关系失和

愤怒在情绪中能量最强，因此，无法冷静处理的情况也最多。

但是，善于沟通的人不会被自己的愤怒以及对方的愤怒所左右。

不管对方情绪如何，如果能够冷静地表达自己的想法，就可以避免感情失和以及不好的结果。

技高一筹的建议

不再给人贴标签，就会变轻松

贴标签、夸张地看待事物、妄下定论……阿德勒心理学把这些统称为基本错误。“因为那个人是○○”“那个人一定是这样”“大家一定这样想”，这些表达都是基本错误。

一旦给人贴上标签，思想就会受其影响，从而无法认识事物的原貌。

善于处理人际关系的人，不会夸张事实，而会正确地把握事实。请大家把对别人的印象放到一边，着眼于“事实”。

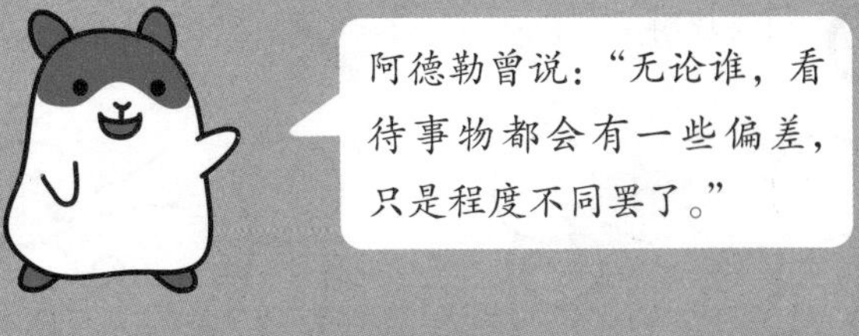

04

打交道时，请相信对方一定能理解

能做到这点

就能与对方顺畅交流

斥责别人或表达意见时，心中要是觉得“反正这个人又要重蹈覆辙”，即使不说出口，对方也会觉察到你的想法。

善于处理人际关系的人，会相信对方**“能够理解”**，并告诉对方希望其改善。如果能够这样做，真正想要对方理解的事情，也会更容易传达给对方。

05

好好对待自卑感

能做到这点

就能与对方建立信任关系

即使自己有缺点、能力稍逊他人一筹，也不会降低我们作为人的价值。**自卑感每个人都有。**敢于承认并利用自卑感的人，就能取得别人的信任。

06

能够容许对方失败以及出现力所不能及之事

能做到这点 **就能进一步成长**

人在受挫时，动不动就会说："怎么又失败了？""为什么做不到？"

人际关系处理得好的人则会说：**"接下来，应该怎么办呢？"**先接受对方搞砸事情这一事实，接下来能够冷静思考如何补救的人，自然而然会获得对方的信任。

07

真诚地接受他人的提醒和批评

能做到这点 **周围的敌人就会减少**

在别人提醒或者批评自己的时候，人们有时会认为自身被否定了。但是人际关系处理得好的人，清楚地知道事实并非如此，所以即使是别人提出批评也能真诚地接受。

在别人给你忠告时，请把**重点放在对方指出的不足和想让你改进的事情上**。如果你能把注意力放在这些“地方”，就能更容易地接受对方所说的话。

08

善于倾听

能做到这点　**对方就会对你产生好感，也会愉快地听你讲话**

善于倾听，是建立良好人际关系的必要条件。能做到这点，就会快速拉近与对方的距离。

09

建立信任关系之后，再给对方提意见

能做到这点　对方就会容易听取你的意见

如果被平常认真听你讲话，并且也能理解你的人严厉批评，我们通常能够真诚地接受意见。但是，如果不是被这样的人批评，你应该也有过即使别人所说是对的，还是会生气的情况吧。

我们有非常在意“究竟被谁所说”的倾向。

被周围人深深信赖，留意跟别人打招呼，别人需要商量时认真聆听，对对方非常关心之人……自然而然让对方感觉到愉快。

10

不要试图控制别人，要改变自己

能做到这点 对方也会自然而然地改变

如果试图用强硬的方式改变对方，对方就会有所抵抗，双方由此心生龃龉。但是，人际关系处理得好的人，首先会尝试改变自己。当自己改变之后，与对方的相处方式也会改变。于是，对方也会自然而然地想要与你好好相处。

11

用横向关系来沟通

能做到这点 就能相互尊重，积极沟通

在纵向关系中沟通，要么试图控制对方，要么曲意迎合对方的意见。如果是横向关系（平等立场）的沟通，就能相互尊重对方的想法，平等地对话。

纵向关系

横向关系

12 根据对象的不同，改变自己的说话方式

能做到这点 对方就能理解

沟通不畅的时候，有人会因对方态度不好而生气，比如会说“真讨厌○○说话的腔调”“真讨厌说话时○○的态度”。

但是，**如果尝试改变自己的说话方式和态度，最终对方的理解方式和沟通态度也会跟着改变。**

善于沟通的人，通常会根据具体情况灵活改变自己的说话方式。

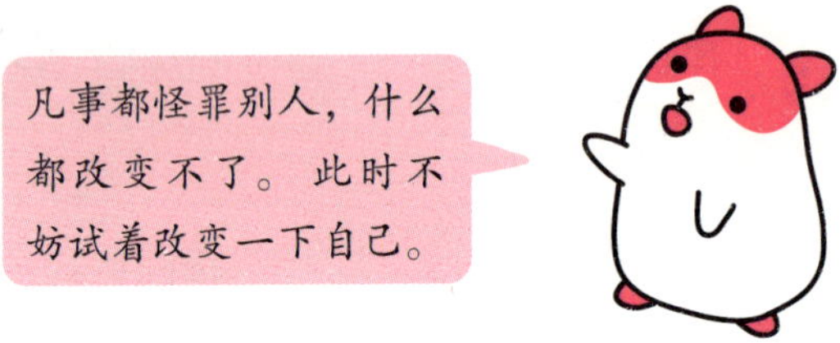

技高一筹的建议

“时而”乐观地跟人打交道

面临问题时，总是相信以自己的能力能够克服。面对这样的人，你是不是也会心情愉悦呢？

✖乐天主义（想着船到桥头自然直，把问题理想化）

乐天主义，指的是不管遇到什么问题，总是把问题理想化。他们觉得凡事“船到桥头自然直”，但有时会逃避现实。

这种类型的人，虽然会被认为“简单交流一下还挺愉快的”，但是无法与人建立推心置腹的信赖关系，也不会被人委以重任。

○乐观主义（虽有困难，但选择积极面对）

乐观主义，指的是陷入困境时也相信“我能够克服困难”，并全力以赴。这种类型的人，因为不断地突破一个又一个挑战，所以更好的工作机会也会接踵而至，也能与人建立长期的可持续的信赖关系。

13 不夸大自己

能做到这点 对方就能安心

可以建立良好人际关系的人，会让对方觉得他跟你旗鼓相当。而夸大自己的人，永远也不能与对方建立平等的关系。

如果能以真实的自己与他人打交道，不需要夸张吹嘘，以轻松的心情与之交流，让对方能够安心，从而产生真正的信赖关系。

14

找到自己可以做贡献的平台

能做到这点

会变得更加自信

每天想着做一个有用的人，就更容易找到适合自己的平台。通过在这个平台上不断地努力，就会变得更加自信。

不管和谁都能相处融洽的人，一直都有“成就感”。所谓“成就感”，就是相信自己对世界有用，或被别人需要的感觉。阿德勒心理学认为，成就感是人活在世界上非常重要的一部分，每个人所做的贡献与激发自身的勇气有强烈的关联性。

15

明确“不”的界限

能做到这点

就能以真实的自己与他人打交道

双方能相互说“不”的关系，是真正的好关系。

建立良好的关系并非意味着百依百顺地满足对方的需求，而是自己应该清楚地知道什么是“不可以”、什么是“可以”，并让对方也知道。这样就不会勉强自己，从而也能与他人友好地相处。

16

不过度干涉别人的问题

能做到这点

不会被别人过度依赖

干涉别人问题的人，一般可以分为两种。

第一种，主动过度干涉、非要给人出主意的人；第二种是被人过度依赖，“被迫”干涉别人问题的人。

插手需要别人自己决断的问题，就产生了依赖关系。之后一而再、再而三地插手，就会导致双方关系越来越痛苦。

建立零压力人际关系的人，清楚地知道对方的问题需要对方自己处理。

因为，解决不了问题而烦恼的是别人，而非自己。

因此，向别人提建议时，请明白最终决断以及最后是否采纳建议，是由对方决定的。

17

不吝惜表达感谢之情

能做到这点 就会得到更多人的帮助

感谢必须通过语言来表达。不断取得成功的人，通常都不会忘记感谢周围的人。只要不吝惜表达感谢，你的支持者就会不断增加。

18

留意让别人也开心

能做到这点 **好人就会逐渐聚集到你身边**

身边自然地聚集了很多朋友的人，能够在不指望别人感谢的情况下，帮助别人。

但如果压制自己的想法而先考虑对方，就变成了自我牺牲。如果能够在自己快乐的状态下让别人快乐，就会变得人见人爱，人际关系也会变得更加协调。

专栏

感到愤怒也是一件好事

感到愤怒也是可以的，愤怒原本就是人类基本情绪之一。如果把愤怒、悲伤和悔恨放置不管，就会心生芥蒂，长期累积则会导致爆发。为了减少人际关系带来的压力，需要正视自己的真实情绪。

此外，情绪本身无好坏之说。即使出现了愤怒这样的“消极”情绪，也不要责备自己。

如果能在感到愤怒之后，好好控制自己的情绪，就会立马轻松不少。

第三章

被认为“这人值得信赖”的8大倾听方法

“即使遇到跟自己合不来的人，也希望能够灵活自如地交谈”“希望跟谁都可以打交道”。

这时，唯一的捷径就是改变自己倾听的方法。本章将为您解说8大简单易行的倾听方法。

01 同理倾听

所谓“同理倾听”，不是意味着你同意别人，说“确实如你所言”这样的话，而是要了解“你原来是想○○的吧”。以这样的方式来倾听，可以缩短与对方的心理距离。

✕

“我能理解你所说的，但是……”

“话虽如此……”

“但是……”

“只不过……”

“哦，这样啊。”（事不关己的反应）

◎

“你是认为○○的吧？”

“你是想做○○吧？”

“你是觉得○○的吧？”

重点

- 重复对方所说的话，对方就会觉得“这个人理解我”。
- 尤其要注意到对方所讲内容中表达出来的心情和要求。

02

带着兴趣，倾听对方的心声

我们总是希望有一双耳朵能认真听自己讲话。当我们知道对方对我们所说的话有兴趣的时候，就会对心情愉快地跟我们交谈、倾听我们讲话的人抱有好感。

“这到底是怎么回事？”

“这听起来很有趣呢！”

“后来发生了什么呢？”

重点

不仅仅包括语言，表达时如果能结合对方所说内容以及情绪，更能提升对方对你的好感度！

技高一筹的说法

“下个周末，我要去看演唱会！”对方如此说道。

你可以说：“好棒啊！”

“我要去见男朋友的父母了，这是第一次。”对方如此说道。

你可以说：“哇！你一定有点紧张兴奋吧！”

重点

以体谅对方心情的方式来接话，对方更容易讲下去。

03

全身心地倾听

我们想要别人认真听自己讲话，而且对于认真听自己讲话的人会抱有好感。判断对方是否在认真倾听的，则是说话者。

尽管，倾听者有时表现得“可能会有一些夸张”，但会让对方觉得自己在全身心地倾听。

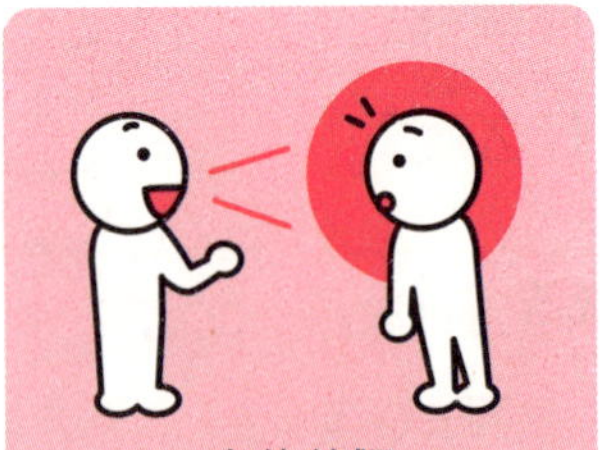

身体前倾

点头

适当记录

对视
根据说话内容和对方的表情做出适当的表情
身体面向对方
停下手中的事，认真听（不要一边做事一边听）
跷二郎腿
抱胳膊
背靠椅子而坐
表现得很不耐烦（抖腿、转笔、发出声响）
没有看着对方
身体没有面向对方
胳膊肘在桌子上，用手托腮

04

不要自己一直讲

要知道，“听话者掌握了会话的主导权。”

如何听对方讲话，可以说蕴含着人际关系发生戏剧性变化的秘诀。

催促对方讲下去的表达

“○○怎么样了？”

“○○怎么想的啊？”

“要是○○会怎么做呢？”

重点

当自己讲话即将结束时，要留出一口气的间隔时间。这个是让对方理解的“时间”。在留意这点的同时，询问：“○○怎么样了？”这样就是双方都会满意的一次沟通。

05

不要急着总结，听对方讲完

如果对方没有讲完，你就插嘴说话，会被对方认为是“想要快点进入到下个话题”。请体贴对方，听人把话说完。

“也就是说，是○○吧？”
“你想说的是○○吧？”
“是是是，也就是○○吧？”

听到最后，大幅度地点头。
在总结话题前，说一句：
“我想应该是这样吧？”

06

讨人喜欢的随声附和与惹人厌烦的随声附和

所谓讨人喜欢的随声附和，指的是对方感觉容易接下去，符合谈话内容，带有感情的附和。

“是○○（复述）啊！”

“那样真是太好了！”

“我第一次听说！”

“真是太不容易了！”

“你一定很寂寞吧。”

“真是让人担心啊！”

此外还有 2 种附和	
➡ 事实反馈 复述要点（复述确认），让对方觉得“他听明白了我的话”，由此赢得对方的信赖。	➡ 情感反馈 听话者用语言来回应说话者的情感，让对方觉得“他能懂我的心情”，由此产生亲近感。

“你一定很开心吧！”

“真是太好了！”

“我也这么认为！”

“是是是。”——重复同一个附和。

“不可能吧？”

直接问：“真的吗？”

“原来如此啊！”

重点

类似“是吗”“是是”这样简单重复的附和，会给对方“没有认真听”的印象，会起反作用，也会导致话题聊不下去。

07 不要拷问对方

如果听话人刨根问底，就会让说话人难以招架。但是，如果听话人是为了理解而提问题，对方就会乐于回答。

“是因为不做□□，所以不能○○吗？”
“□□是什么时候开始做的？”
“所以呢？”
“为什么要做○○？”
“为什么你不明白！”

"之后怎么样了？"

"你怎么想的啊？"

"……是什么意思？"

"你为什么这样想啊？"

"告诉我你想要这么做的理由。"

"那是什么样的感觉？"

"也就是说，你指的是□□的意思？"

"那是什么时候的事情？"

"再具体说说呢。"

重点

- 向对方提问时，要留意自己的表达与说话者描述的感觉一致。
- 关键点在于找到具体而深入的对话主题。

08

倾听时不被对方的主观想法所左右

“○○很讨厌我”“那个人老是做○○”，如果把这些话当真，就可能相信了错误的事实。这是在工作和个人生活中很常见的情况，也可能会造成人际关系的崩塌。这就要求我们养成将主观想法和客观事实区分开来的习惯。

助长对方主观想法的表达

✕

“真是过分（的人）啊！”

“真是让人生气啊！”

“是的，就是有这种人！”

重点

对方在生气的时候，如果你过度附和地说：“是的！”会让对方更加生气。一定要注意！

“这样啊。”（暂且接受，然后询问）

“讨厌，是○○亲口说的吗？”

不要变成质问，要用确认的方式提问。

“跟我聊一下你这样想的原因吧。”

“总是做□□这样的事，是说每次吗？”

“你每次都会因为这种行为不开心吗？”

专栏

关注对方内心深处的情绪

对方生气时，要关注其内心深处的“第一级情绪”。所谓第一级情绪，是指“悲伤”“困惑”“不安”“焦虑”“寂寞”“担心”等。与此相对的，“愤怒”被称作第二级情绪。愤怒的根源来自第一级情绪（参照下页图）。也就是说，当第一级情绪没有被满足时，愤怒就出现了。

为了让对方消气而道歉，在提议怎么做之前，要注意对方内心深处的情绪。如果没有“你很痛苦”的同理心（理解心情），问题很有可能得不到真正的解决。如果问题得不到解决，对方就会说：“你什么都不懂！”反之，如果你能做到的话，就会让对方觉得你能理解他，从而获得他的信任。

愤怒是第二级情绪

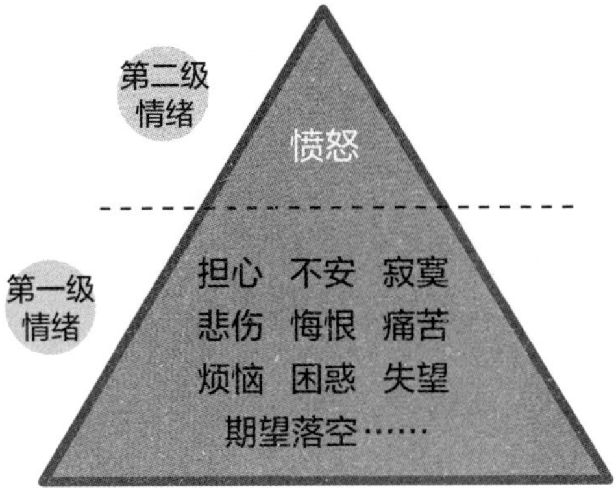

“愤怒”的深处藏有第一级情绪。如果第一级情绪没有得到满足，就会产生相应的第二级情绪。

专栏

理解对方第一级情绪的表达范例

“真是不容易啊。”

“真是为难你了呢。”

“担心了吧。”

“有些寂寞吧。”

“伤心了吧。”

“跟想的不太一样，有点不知所措了吧。”

例：妻子因丈夫不打扫房间而生气的对话

✖

妻：为什么我做家务时，你老是不给我搭把手！我工作很忙，每天还要打扫房间，真是累死了！喂，你明白不？！

夫：要是打扫房间那么累的话，买个扫地机器人好了。

妻：并不是买个工具就能解决问题！你真的不懂吗？！

没有理解妻子的心情而提出的建议，马上被否定了。

◎

妻：你能帮忙打扫房间吗？我现在工作特别忙，每天还要整理、打扫房间，真的很辛苦。要是你周末休息的时候能做点家务，真的是太好了！

夫：这样啊，每天真是辛苦你了。我会尽量帮忙的，那我们要不再买个扫地机器人？

先理解妻子的心情，然后提议。

专栏

要是对方一直没消气，怎么办

如果对方怒不可遏，那就耐心应对吧。

妻：为什么我做家务时，你老是不帮我搭把手！我工作很忙，每天还要打扫房间，真是累死了！喂，你明白不？！

夫：工作这么忙，每天还要打扫房间，真是辛苦你了！

妻：是的！你每天到家都很晚，周末的时候也不搭把手！

夫：对不住了。最近工作比较忙，所以每天回家也就晚了。以后休息的时候我会帮忙的。

妻：真的？你真明白了？

夫：嗯，从这周末开始帮忙。这样吧，如果打扫卫生很辛苦的话，我们要不去买个扫地机器人？没准能减少一些负担。

用保持关怀和道歉的态度讲话，对方就会消气。

第四章

让所有人都舒服的9大说话之道

“对方能否愉快地接受呢？”说话的时候不能忽视这点。而这需要我们花功夫，用对方容易接受的方式进行表达。说话时好不容易抓住要点，但是却让对方不愉快，导致关系闹僵的情况，也时常发生。本章将告诉大家如何遣词用句，如何掌握说话的秘诀。

01

不要挑毛病，要找优点

虽然有“挑毛病”这样的说法，但是好像没有“找优点”的说法。这意味着人们总是容易看到别人的不完美之处。尤其是在将谦虚观念“融入血液”的人身上，处处能看到这种倾向。

但是，挑毛病会成为建立良好人际关系的一个障碍。不要将对方与谁比较，要看到他的能力，看到他的认真努力等优点，并告诉对方。养成找优点的好习惯之后，自然而然，你的人缘就会越来越好。

一般说来，被他人注目的特点会更加被强化。

找出优点的步骤

1 试着写出对方的优点（尽量写具体）

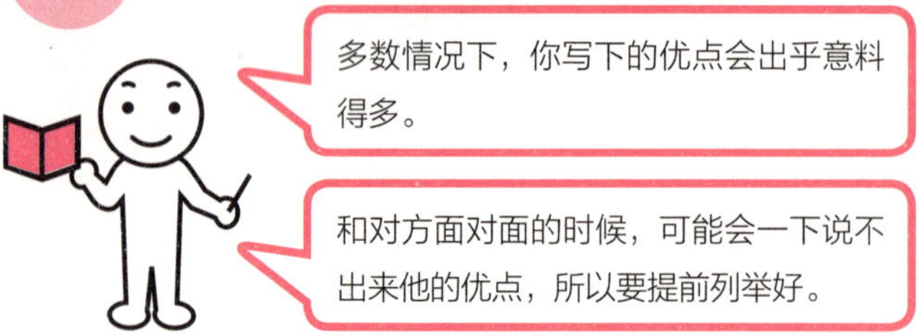

2 不失时机地赞美此人内在和外在的优点，以及努力进取的地方

内在的优点，如打招呼是否有精神、是否遵守上班时间或工作期限等，即使关注一些平常之处也是可以的。

外在的优点，可以关注衣服、领带等穿着搭配是否得体等。

例 1：早上，总是精神抖擞地打招呼的下属 A 在问好时

A：早上好！

你：早！小 A 你打招呼总是精神满满，让人心情愉悦，连我也变得精神了。

例 2：面对率先倒垃圾的对方时

你：谢谢你帮我倒垃圾！总是留意倒垃圾，你真是太贴心了！

02

比起表扬，更需要激发勇气

我们经常表扬别人，但是，阿德勒心理学却提倡“激发勇气”的观点。

“表扬”和“激发勇气”的含义是不同的。

表扬是居高临下的俯视，而激发勇气是平视。

如果想与对方建立真正的信赖关系，从平视的角度发展，会有更好的效果。

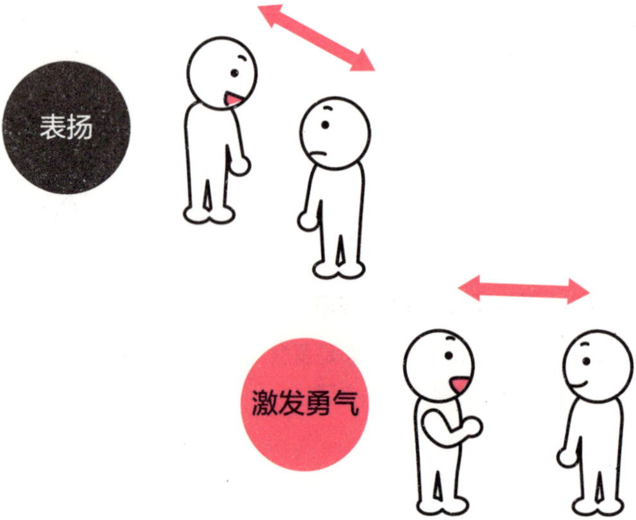

表扬

- 在对方达到自己的期待值时，给予一种奖励的态度。
- 上下级关系，纵向关系。
- 带有一种评价态度。

→会导致对方没有表扬就不愿意做事。

→会导致对方变得依赖他人的评价。

激发勇气

- 不仅在对方达到目标时，对方失败的时候或其他情况下也都给予肯定。
- 平等关系，横向关系。
- 关注对方的优点（找优点），不仅重视结果，也重视过程。
- 即使对方失败，也要表达感谢或肯定。

→会导致对方变得主动。

激发勇气可以给别人带来克服困难的力量。其特征是，对方在春风得意的时候，激发勇气能让他更加活力十足；对方在失望伤心的时候，激发勇气也能给予对方力量。最后，对方还能学会自我鼓励。

赞美的话

“很好！”

“你做到了！”

“你在做□□，真是太了不起了！”

“真有你的！”

“只要去做（努力）就能做到！”

“做得很好！”

“干得漂亮！”

“保持这个势头，继续努力！”

激发勇气的话

“你的努力有了回报，我也替你高兴。”

“这件事你真是帮了我一个大忙！”

（关注贡献）

“进行得很顺利，真是太好了！”

（感同身受）

“你正在努力去做□□，我会尽可能支持你的！”

“这都是你努力的结果啊！”

“你帮了我这么大的忙，真是谢谢你了！”

容许失败

“这次非常遗憾。你之后打算怎么办？”

“你一直非常努力地在做这件事。”（不仅关注结果，还关注过程）

“你每天都很努力。如果有我帮得上忙的地方，尽管开口。”

03

表达时以“我”做主语

在表达意见或者心情时，要以“我”为主语来表达。如果以“你”做主语，容易给对方你在责备他的印象。以“我”为主语，你的想法和心情就能愉快且直接地传达给对方。

✕ “你要是做了○○，就真是帮了大伙的忙了。”

◎ **“我想拜托你一件事。那就是……”**

✕ “你为什么不照我说的去做？”

◎ **“我想让你帮忙做□□。那是因为……”**

技高一筹的建议

对身边的人，不要羞于说“谢谢”

面对自己身边的人，你有没有经常因为难为情，无法将感激之情说出口？这样实在可惜。因为你仅仅说一句话，就能给予对方勇气。

比如，当妻子花费比平常更多的时间打扫卫生之后，没有听到丈夫说：“欸？今天有客人要来？”而是听到丈夫说：“打扫得真干净。谢谢啦！”她会很开心。

对于别人做的饭菜，比起默默吃完一言不发，一句“真好吃，谢谢”，会让做菜的人觉得：他吃得很开心，我之后还可以再做。

对身边的人说一句“谢谢”，是加深关系的魔法语言。

04

找到源头，把情绪传达出去

因为愤怒是一种能量特别强的情绪，所以经常容易被特别情绪化地表达出来。

如果你感觉自己不擅长表达情绪，就需要养成找到情绪产生的源头，了解自己内心深处心情的习惯，然后不断练习把它转换成语言。

宣泄情绪，**不等于表达情绪。**如果不再用情绪表达就能够表达情绪的话，你和对方都能在交往中毫无压力。

重点

寂寞，不安，烦恼，难过，遗憾，悔恨，吃惊？生气的时候，你要试着感觉一下内心深处对应的是哪一种心情。

例 1：面对没给自己公正评价的上司

✕ “为什么给我这样的评价？”

◎ **“我一直都很努力工作，看到这样的评价，非常伤心。能否告诉我，给我这个评价的理由吗？”**

例 2：面对不能理解自己想法的恋人

✕ “为什么你总是不能理解我？”

◎ **“当时你没有这样做，让我感到很受伤。”**

当你擅长表达情绪后，就不会让对方困惑，也不会因为在冲动之下乱说话而后悔或者内疚。

05

不要追究原因，要提建议

发生问题时，有人喜欢说："为什么会这样？" 虽然了解无可挽回的既往原因确实也重要，但总是执着于此，状况也不会有任何改变。

比起追究原因，更应该将眼光看向未来，思考"自己想要怎样""想要对方怎样"等问题，在此基础上考虑"应该怎么去做"。我们要面向未来提建议。

这样做之后，自己和对方都会有所改变，开始朝着"想要怎么样"这个目标行动。

阿德勒心理学的理论基础，不是追究原因的"原因论"观点，而是关注目的的"目的论"观点。

例 1：对方正在做的事情进展不顺利的时候

✖

“为什么你用这种方法去做？”

“我实在不敢相信你竟然这样做！你说现在该怎么办吧！”

“竟然变成这样！你怎么收场？”

一味地责备对方。

◎

“也有另一种做法，就是□□，你看怎么样？”

“下次你要不试试这样做？”

“想要□□，那你打算怎么做呢？”

“之后怎么做才好呢，我们一起想办法吧！”

提出建议。

例 2：想要了解对方失败的原因时

"为什么会变成这样？"
"为什么要这样做？"

追究原因，责备对方。

"可以告诉我变成这样的原因吗？"
"可以告诉我这么做的理由吗？"

没有责备对方，试图了解原因本身。

在被他人逼问"为什么"时，通常只有少数人能思路清晰地回答"因为……"

技高一筹的建议

“说话时面带微笑，就不会被讨厌”是妄想

当说一些难以开口的话，比如：

- 拒绝对方的请求时
- 要拜托对方做一些会增加其负担的事时
- 提醒对方注意时

在以上情景中，经常有人面带微笑地表述，可能因为他们担心“说完之后，对方会怎么想”“要是被讨厌了，怎么办”“要是破坏了与对方的关系，怎么办”等问题。但是，正因为如此，你的认真态度和希望对方知晓相关内容，对方却没能了解的情况会常常发生。

“不面带微笑就会被讨厌。”

“面带微笑就不会被讨厌。”

这些都是妄想。

刻意的假笑，可能导致对方难以理解你想要表达的真实意思，所以用严肃的表情来表述更合适。

06

对过度干涉你的人说“不”

我们虽然有时会寻求别人的意见或者帮助，但是基本上大多数问题都是自己判断如何去做、如何解决的。对妨碍自己判断、解决问题的帮助者，要坚决说不。如果能做到这点，就能够独当一面来处理问题。

例 1：好友说：“○○来拜托你做这件事吗？回绝掉比较好哦。你要是没法开口，我帮你说！”

“没关系，我能应付的。我会考虑怎么做的。”

例2：“孩子小的时候，妈妈不应该去工作，不然孩子太可怜了。”
“不要跟○○交往比较好。”
“还是辞掉那份工作比较好。它不适合你。”
别人如此说道。

✕ “干吗这么说？真是多管闲事！”
“你怎么能这样说！”

◎ **“不好意思，这是我的私人问题，我想要自己做决定。”**
“关于这件事，希望您不要再说了。”

重点

- 关键不是拒绝对方的干涉，而是表达“我想要做○○”的个人主见。
- 如果这样做，结束对话时，自己和干涉者都不会感觉不快。

07

首先明确自己想要说的

“说完这个对方会怎样想”“会不会破坏跟对方的关系”，你是否经常介意这些问题？

如果总是介意这些问题，只是让对方明白了你的不安情绪，却不能让他明白你究竟想要他知道什么。

明确地表达“我想让你明白□□”。这样做可以与对方建立平等关系（横向沟通）。

明确表达自己想法的方法

为了明确自己的想法，可以先写出三个步骤，然后再表达。

1 用三个步骤明确想要具体说什么

想要“说什么”？	WHAT
想要“如何做”，想要对方“如何做”？	HOW
“为什么”？	WHY

2 区分客观事实和主观表达

例如：

客观事实	5 次有 3 次迟到
主观表达	那个人总是迟到

3 要用短句，完整表达

08

直截了当地表达请求和拒绝

表达请求、拒绝或提醒的时候，如果你拐弯抹角地说，会让对方摸不着头脑或者感到焦躁。要具体、简洁地跟对方说明你想要他做什么、为何这样做，以便让对方比较容易接受。

例 1：请求

✕

“你有空了再做也行，不用勉强……”

“其实不是我想要你做的，是部长要求的，所以我才拜托你这么做。这么麻烦你并非出自我的本意……”

"不好意思，之前拜托你准备○○的资料，想麻烦你提前到3号之前给我。部长今天早上因为□□的原因想要早点完成。可以吗？"

重点

- 具体地说明"做什么""为什么希望这样做"。
- 具体说明"为什么"请求对方这样做。
- 仅仅围绕自己想要说的，简单表达。
- 善用一些能体现出你顾虑对方心情，作铺垫的话。

例2：拒绝

"并不是我不想做，只是现在没有时间，这件事也有点难呢。其实我是很想帮你的……"

“关于□□这件事，不好意思。因为我现在手头有○○工作，所以没办法答应做△△。如果能宽限我 3 天的话，是能完成的。不知您意下如何？”

重点

- 拒绝时，要以“不好意思”等表示抱歉的话以及结论开头。
- 要具体说明拒绝的理由。
- 若能有替代方案则更好。

09

批评时，不要说：“我是正确的！”而要说：“我是这么想的！”

批评时，很容易以“我是正确的，你是错误的”想法面对对方。**批评的目的是希望对方改进，促进对方成长。**正因如此，批评的重点要放在说明“我想要你如何改进”和“为什么要这样做”上。

批评时的要点：

（1）表达为何要批评以及想要对方如何改进的想法。

（2）表达的时候一次说一件事（不要什么都批评）。

（3）再给他人一次机会。

（4）如果对方也有理由，要用心倾听。

例 1：面对不守时或逾期完成工作的部下

✕ “为何不遵守提交期限？按理要遵守的吧？这不是理所当然的吗？”

重点

- 不要用“为什么”来责备对方。
- 不要用“按理”“理所当然”这样的词语。
- 不要认为自己的观点就是常识，而对方的观点就是错的。

◎ **“一定要遵守提交期限。逾期的话，就会影响之后接手的人的工作进度。”**

重点

- 直截了当地表达希望对方改进的地方。
- 具体说明“为何”要对方这样做，提高说服力。

例 2：如果想要听取对方的理由

“能否告诉我这样做的理由？”

一点建议

以“我是正确的”为出发点来表达意见时，暗中所指就是“我是正确的，你是错误的”。这样说会使对方觉得不愉快，他们会认为：反正我做什么都不对。我们要关注“我想要你做□□”。

不能这样批评他人

侮辱人格

✖ “你真是个蠢货！”
“这个工作不适合你。”

重点

应该对事不对人。

追究原因

✖ “为什么要这样做？”
“为什么不按我说的去做？”
“为什么我说了这么多遍你都不懂？”

重点

- 连说三遍以上“为什么”，就会逼得对方走投无路。
- 用“为什么”追问，对方要么会停止思考，要么开始找借口。

✖ "你总是做□□。"

"你必然会做□□。"

重点

- "总是""必然"通常情况下属于主观表达。
- 如果实际上并非"总是""必然"的情况，对方会认为"又不是经常这样……"
- 这样说，对方不知道你到底想要他改进什么。

✖ "之前也是这样。上回你也说你知道了，但还是做不到。"

重点

一直唠叨过去的事情来逼问对方。

专栏

如何恰当地批评他人

“反正怎么讲都不改正”“肯定又不会改进”“非得让我这样说你，真差劲”，你心中是否这样埋怨过他人？

批评很难，但更难的是，如果自己心中积压了很多不满，你的态度或语气很容易泄露你的不满。所以，即使你是正确的，对方也不会诚挚地听取意见。

但如果面对对方时，你相信对方“会改进”“会听去”，对方就会变得用心倾听了。

第五章

这种时候怎么办？不同场景下的表达方式

工作篇

在工作中，每天会发生各种各样的状况。本章将为大家介绍工作场合为难时应该怎样回答，同时附上例句与解说。

01

被客人投诉或者批评

有时会碰到对方把气撒在你身上（比如被投诉）的情况。这时反馈的关键在于：

不要责备对方，而要以“我”为主语询问对方：“您希望我如何做？”

生气是对方的情绪，并不是你的情绪。

注意不要被对方的情绪所影响，要不卑不亢地用横向关系来沟通。

例 1：被客人投诉

“为什么货这么晚还没送到？别开玩笑了，你在认真工作吗？你们公司总是这样，到底要怎么给我处理啊？”

✕ “不好意思……我会马上调查……”
有些担心地道歉。
有些憋屈地道歉。

（“为什么我非得被别人这么说？也不必说得这么难听呀！况且又不总是这样！！”心中烦躁地想。）

◎ **“给您添麻烦了，实在不好意思。我会马上查明送货情况，5 分钟之后和您联系。”**

重点

- 说明目前可以采取的处理方法。
- 说明为何会发生这个问题，以及今后如何应对。

例 2：遭到对方的不当批评

“你一点干劲都没有，不适合这份工作！”

怒上心头，但默默地想：为什么要这么说我？实在令人难以接受。

“非常不好意思。但是被您这么说，我也非常伤心。能否告诉我，您觉得我什么地方没有处理好呢？”

技高一筹的建议

强调“我明明这么努力”

在类似一个员工想得到上司的认同，但却不被理解的情况下，重要的是清晰地表明“我想做□□”的想法。

但是，如果你变得情绪化，就会容易强调“我一直是那么地努力”。此时，对方要是问：“那么，你想要说什么？”感觉自己不被理解的怒火就会全面爆发。你会不停地强调：我都这么努力了。如此，对方就会理解成因为没有承认你的努力，所以被责备。

02

自以为即使不说，对方也应该能理解

“我不说你也应该知道的吧。”

“通常都是这样做吧。”

“不说到这个份上，你就听不懂是吧？”

发出各种声响，以强调自己不开心。

“我有点累了，能不能帮我做些工作（家务）。”

重点

我们面对身边亲近的人，尤其会觉得“你应该知道如何做”。如果跟我们预想的有出入，就会责备对方：“为什么你不能理解，不能理解就是你的不对。”

一点建议

经常听到有男士说："有时候会被责备'为什么不帮我做些工作（家务）''为什么我不说你就不做'。要是能具体说需要帮忙做什么，我也会做的……"

期待"我不说别人就帮我做"，会让自己更加焦躁不安。具体说明"我想要你做□□"，以便分配好双方的任务。

03

想要跟与自己意见不同的人做朋友

✗ “我明白您说的意思，但……”

“虽说如此……”

◎ **“○○您这样想的理由是什么？请跟我讲一下吧。我认为……您意下如何？”**

重点

- 接受对方的意见之后，再表明自己的意见。
- 像“×”中所列举反驳方式，即使你的意见是正确的，对方也会觉得：不接受我意见的人，他的意见我也不想听。

04
采用对方会答应的请求方法

✕ “如果你能做，那就太好了，但是不要勉强自己。我担心拜托你的这件事会给你造成负担。”

避免拐弯抹角、找借口的说法。

◎ **“不好意思（给您添麻烦了），我想要拜托您一件事情。”**

重点

- 要具体简洁地说明“做什么”“想要对方如何去做”以及“为什么”。
- 确保准确说明之后，真诚地说一句“麻烦您了”也很重要。
- 对方答应后，不要忘记说一句道谢的话，如“非常感谢”“帮了我大忙”等。

05

把“不”看轻些，别人只是对事不对人

“不”，并非与对方较劲的词。对方即便说了“不”，也并非否定你的意思。

明确什么是“可以”、什么是“不”，并且为了获得别人谅解而具体说明“为什么是‘不’”。 有的时候，“不”并非意味着拒绝对方本人的意思，而是建设性谈话的必要条件。

所以不要害怕说“不”，或者被别人说“不”。

因为对方说“不好意思，我不能答应”
而感到失望，变得沉默，或者说：“这样啊……”

“○○你关于此事的回答是‘不’（没有接受），方便告诉我理由吗？”

重点

- 问说“不”的理由，可以知道对方的缘由或者我们自身存在的问题。
- 可能启发生成“可以”的解决方案，或者更好的其他提案。

06 被说“女人不行，给我叫个男人出来”

身为女性被别人这样讲时，你会不会生气或者失望？

一般这样讲的人，往往是持有“女性 = 靠不住”价值观的人。但这仅仅代表他个人的价值观。

在这种情况下，**女性要坚信“你≠靠不住”，**并且不要反应过度。

“我知道了！”说完之后，找人替代自己。
事后感到生气、心情不爽。
“我这个人终归还是不够好……”陷入自我否定中。

“您意思是要换个男性吗？但是不好意思，这次服务由我负责。请您理解。”

专栏

不知不觉中，心中的疙瘩越积越大？

被他人批评或中伤时，你有没有掩饰过自己的心情？

因为觉得感情用事有点孩子气，说出口又会伤害与对方的关系，所以就掩饰过去了。这样几次三番之后，被压抑的情绪在心中越积越多，变成心结。

为了不让心结越变越大，应该即时表达，用“我很受打击”“我很伤心”“我很痛苦”这样的话表明自己当时的心情。

此外，了解什么是自己不喜欢听的话，对于你应对批评也非常重要。

“没关系！因为我很乐观。”不要用类似的话来掩饰，应该如实面对自己的情绪，心情畅快了，才会打心底变得积极向前。

07

会议上无法坦率地表明自己的想法

其一，要以“我”为主语说出“我想□□”。

其二，一句话说明结论。

其三，为什么这么考虑，说明理由。

为了给人一种沉稳的印象，在会议上慢慢地依次说明以上 3 项内容，对方就会对你产生信任感。明确自己想说的观点之后，再从结论开始说明，最后清楚地阐述这样考虑的理由和根据。仅仅这样，你就能够充满自信地发言了。

此外，在商务场合，如果没有考虑清楚理由和根据，会被他人认为是一时兴起。跟别人意见不同也没关系，但要坦率地表明自己的想法。

08

别人认可自己的长处时，不知道如何回应

✕

“不不，您过奖了。”

“碰巧而已……”

重点

- 过分的谦虚会让对方有所顾虑。
- 对方不知道之后该说什么好。

“谢谢您的夸奖，我非常开心！”

如果说不出这样的话，那就表达自己内心真实的心情。

◎

“惭愧，惭愧。”

“从来没人这么说过，真的是受宠若惊。”

“有点难为情呢。”

重点

- 真诚地接受。
- “难为情”“受宠若惊”这些若是真心话，也可以表达出来。

09

被批评之后，心情跌入谷底

别人讲了让自己很不舒服的话，就容易心情郁闷。但是，这并不意味着别人否定你的全部，也不是要驳倒你。

这时，**要关注对方究竟想要表达什么，不要反应过度。**如果能够真诚地接受并应对得体，将大有裨益于你的成长。

对方说："希望你改掉□□。"
对方说："我很介意你□□。"

你说："是○○这个吗？今后我会注意的。"

接受对方的指正。

想说明缘由时

你说："你是○○这样想的吧。我之前是□□这样想的。今后我会注意的。"

重点

被他人批评或指正之后，如果还能说"谢谢您跟我讲了难开口的话"，是更加得体的回应。对方听到后也会心情愉快。

10

虽然难以开口，但还是想拒绝对方

“不好意思，我没法做○○。”

“不好意思，我没法做○○。如果能得到您的谅解，那实在是万幸，麻烦您了。”

重点

- 要将自己的想法完整地表达出来。
- 坦率地表述最希望对方理解的事情，把自己的心情直接传达给对方。

11

想拒绝吃饭的邀请

“多谢邀请。但不好意思，那天我已经有约了。”

如果对方今后邀请，你可以赴约的话，请记得加上一句话！

“下次请一定叫上我！”

重点

先要感谢对方的邀请，然后再拒绝。

12

想要在与自己价值观或意见不同的人面前表达主张

面对身边亲近的人

✕ “正常应该做○○吧！”
“是○○吧？”
“为什么不做○○呢？”

重点

要避免说“正常……”“为什么做不到？”这样妄下结论的话。

◎ **“我想○○，你觉得怎样？”**

重点

表明自己的意见，并询问对方意见。

13

同事通过了很难的考试

“○○，好厉害啊！这么忙的工作之余还能取得资格证，像我就做不到……”

重点

强调自己的自卑感，并不能为对方打气，要避免这种表达方式。

“○○，恭喜你了！这么忙的时候，还能够坚持学习。这是你朝着目标努力的结果，真厉害！”

重点

为对方努力取得的结果感到开心，会给对方以勇气和鼓励。

14

想要拜托别人时

"○○，如果你能帮我做△△的话，就是帮我大忙了。"

重点

一种依赖对方的拜托方式。

"我想拜托○○你做△△，不知可否答应？"

重点

坦率地表明自己希望对方帮忙的事。

15

被别人指出错误时

“我从没听说过这样的事。”

“从来没听你讲过，这不是我的责任。”

“因为别人也是这么做的，所以我也这样做了。”

重点

一直以“不是我的错，错在别人”的态度面对问题，不仅无助于解决问题，而且会让别人再也不想与你共事或信任你。

“不好意思（虽然有理由，但也接受）。因为别人这么做，所以我也这么做了。能否告诉我应该怎么做比较好呢？”

重点

- 要接受自己做错了事给别人造成麻烦的事实。
- 向对方道歉后，询问今后该如何解决。

16

想要对老是给自己分派杂务的上司表达意见

✕ “为什么老是分派给我。我很忙，请分派给别人吧。”

重点

- “……老是我”不是正确的表达，而是过于主观的看法。
- 没有让对方了解到你所处的状况，只是表达了自己不想做的意愿。

◎ **“现在，我手头上有○○的工作，这次能不能分派给别的人？”**

重点

说明自己的状况，表明自己不能接手的理由。

17

想要对老是不听取自己意见的上司提意见

✕ “反正我的意见你也不会听的……”

“嗯……我是想○○……”

话没有说完。

重点

指责对方“反正你也不会听我的”，而且话只说到一半，对方很难认真地倾听。

◎ **“实在是不好意思。我有意见（话）想跟您聊一聊，不知道是否可以？”**

重点

先说“实在是不好意思”之类做铺垫的话，再坦率地表达“希望您听听我的意见”的愿望。

18

想要提醒下属

“给我好好报告。”

“好好打招呼。”

“好好听人讲话，好好做○○。”

重点

要避免类似“好好地”这样笼统的表达。

“做事要看眼色！”

“站在他人立场上采取行动。”

重点

应该说明为何要这样做，希望采取什么样的行动。

“○○，从客户处听来的消息，要在当天之内报告上来。如果没有对客户的回应做统一答复，就会失去顾客的信任。今后，拜托了。”

“○○，听别人讲话的时候，要边记录边听，以向对方表示自己在认真听。这是非常重要的。比如说……以这样的态度，对方也容易继续说下去，我们就能收集到更多的信息。”

“找上司商量时，不要突然开口，要先确认一下‘关于□□我想找您商量。现在，您方便吗？’”

19

想要对因疏忽而多次犯错的下属表达积压的怒气

✖ “一直就想跟你说，其他人都在认真做事，而你为什么老是犯错？！”

重点

- 原本想要表达的内容变成了将下属与他人比较，责备其经常犯错。
- “一直就想跟你说”这样的话，会让对方觉得“你一直都这么想”，因而受到更大的打击。

◎ **“注意今后不要再犯□□这样的错误了。因为……”**

重点

- 表达时，重点集中在不希望犯错上。
- 说明犯错会给公司造成什么样的麻烦，而且对犯错者本人也是不利的。希望对方能够理解。

20 想要提醒老是迟到的人

✕ “为什么总是迟到？你作为员工的自觉呢？”

重点

责备对方，用“总是”这样主观的词。（基本错误）

◎ **“希望你能守时。不守时会给之后接手的人添麻烦，而且也会失去别人对你工作上的信任。”**

重点

- 明确表达以后希望对方怎么做、为什么要这么做。
- 不要责备对方。

21

因指导年轻一代而苦恼

最近，因烦恼与年轻一代的价值观有差异，而来找我商谈的人越来越多。

“为什么不明白呢？”“按理话不用说到这个份上也能明白吧。这是作为社会人的常识！”如果心中这样想，就永远都不能相互理解。

由于大家的成长时代和环境不一样，比如，年轻一代从小手机就普及了，长大没有代接电话的习惯……**价值观和经历不一样也是理所当然的。因此，从认可对方开始吧。**没有相互信赖，就谈不上恰当的指导和培养。

认可年轻人的想法以及价值观，之后再表明你希望对方变成什么样子、为什么要这样。

例：“我不知道怎么代接电话。”

“接到不知道是谁打来的电话时，心里没底。”

“这都做不好？”

“这都不知道？”

“不一个个说明，你就不知道了？”

“这样啊，至今为止没有代接过固定电话啊。”

先理解，再指导对方应该如何做。

22

指出别人的错误时，被反驳“你又没说过”

面对不承认自己的错误，把责任推脱给别人的下属，你会不由得怒火中烧。但是，如果因为下属的话而变得情绪化，会起反作用。

合适的处理方式是，忽略对方说的话，只需说明对方犯的错会造成什么样的后果，以及会对今后的工作产生什么不利的影响。

之后，再心平气和地说明：即使没有事先说过，但犯错是既定事实，承认错误非常重要。这样的话，对方也会逐渐接受你的指正。

“为什么要把责任推给别人？”
“这不可笑吗？”

“即便我没有说过，但是这件事是你负责的，首先要承认犯了错，之后我会听你讲整件事的来龙去脉。如果不这样做，你的解释也没人倾听。”

23

无法严厉地提醒下属

“不想被别人讨厌”“不想被埋怨”，因为这样的想法，有时会不由得装老好人。但是，如果一直这样，“我都这么注意了”的情绪便会爆发。因此，需要养成不压抑自己，巧妙地提醒下属的习惯。

“……可以的话，你帮我做好△△。”
“你总是做□□。别人明明都在做△△。”
“你不做△△的话，其他人会很难办的。”

“○○，希望你遵守提交期限。因为你不遵守的话，会影响下一个接手的人的工作进度。”

重点

- 说明希望对方改进什么、如何改进以及理由。
- 如果谦虚得过头或者看别人脸色行事的话，就会被认为“这个人说的，随便应付一下即可”。
- 不说废话，坚定地说一些必要的话，对方更能理解你要表达的重点。（主次分明很重要）

专栏

动不动就反驳男性下属

面对男性下属时，有些女性上司会经常不自觉地摆架子。

职场中，经常会听到这样的事情：女性会想“因为是女性，不想被看扁”“不想被别人拿自己与男性上司比较”，而无法与男性同事建立横向关系进行沟通。

“虽然是女性，但不想被轻视”，只要这样想，就很难建立平等的关系。

比如，当男性下属提出不同意见时，你就会认定对方否定了自己的意见或做法，立马反击“但是呢”“照我说的去做”。你是否有过类似这样压制对方的情况呢？若能理解“也有这样的想法啊”，承认对方的长处，对方也会开始认可你。

不管是请求，还是指正，都要具体地说明“为什么希望这样”，并且在面对对方的时候，坚信其能理解。

例：男性下属提出与自己不同的意见时

✕ “照我的方法去做就行了。好了，就按照我说的去做。”

◎ “原来还可以这样考虑，谢谢你告诉我。但是，这一次还是麻烦你按照我说的去做。因为有这样的一层考虑……”

告诉对方理由。

24 想要交涉与钱有关的事

大部分人谈到钱时，很难坦率地表明自己的意见，因此很容易在心里留下疙瘩。但是，谈钱绝不是什么坏事。比起哪天突然爆发自己的不满和担心，从而损害双方的关系，还不如早一点鼓起勇气如实地说。即使开口讲“谈到钱，稍微有些难以开口”也无妨。

“谈到钱，稍微有些难以开口。”

↓

“希望你能还钱。”

“希望您提高我的报酬额度。”

↓

“理由是……”

派遣或合同员工想交涉提高计时工资

“谢谢您一直以来的关照。关于您说的计时工资，我想找您商量一下。想请您帮我涨一下工资。理由是，至今为止我在之前派遣的公司曾获得……的评价，而且业绩也在不断地提高。”

“如果可以的话，我希望您能考虑一下能否帮我涨工资。麻烦您好好考虑一下。”

重点

- 表达感谢关照之情。
- 坦白地说明商量什么事。
- 列举希望涨工资的理由和根据。
- 表达希望涨多少。
- 有礼貌地恳求。
- 句子说完整。不要说：“希望您能给我涨工资。”
- 以“我”为主语。不要说：“如果〇〇您能给我涨工资的话，那真是太感谢你……”

想比对方开出的价钱稍微提高一点

“关于这次案子开出的价钱，我想跟您商量一下。这次是□元，能否提高到○元呢？因为……希望您能考虑一下，拜托了。”

重点

- 如果这次没办法提高金额，不妨在下次对方下订单时，提出自己的要求和愿望。
- 表明你希望提高佣金的要求。
- 具体说明希望上调的额度。
- 说明具体原因。

人事评价的绩效比预想的低

“关于这次的绩效评价，我想跟您商量一下金额。实话讲，因为这次绩效比自己预想的金额要少，所以我有点困惑。我觉得应该得到○元的绩效，因为……如果方便的话，能否告诉我给我这个绩效的理由呢？”

重点

- 告诉对方预想的绩效是多少。
- 可以表明自己的真实心情，但不要感情用事，说明自己是如何想的即可。
- 也可以说出自己设想的具体金额。
- 也要问对方为什么是这个金额。

希望增加零花钱或者生活费

“想要商量一下零花钱（生活费）的事情。现在，每个月是○元，今后想要增加到□元。每个月要花△，所以现在每个月缺◇元，能多给我一些吗？拜托了！”

重点

- 首先表明自己想要商量零花钱（生活费）的事情。
- 为什么想要增加，向对方说明具体的数字（不要只是口头说，写下来的话更便于理解）。

技高一筹的建议

需要注意的言行

对身边亲近的人更要说话坦率。

说“不”的时候，不要责备对方这个人。

不要想当然地说，要说客观的事实。

要知道即使责备对方不认可自己，对方也不会改变自己的观点。

要懂得“面带笑容说难以启齿的话，就不会被讨厌”是妄想。

专栏

需要避免的话语

- “为什么老是我这样？”
- “我之前就一直想说……”
- “明明我这么努力了。”
- “我的意见反正……”“我反正……”
- 在麻烦别人之前说：“虽然我知道你是不想做……”
- “○○你真好，不像我……”
- “我并非说是○○的过错。”
- “不仅是我，大家都是这样想的。”
- “我跟工作，哪个重要？”
- “你如果能做□□就好了。”
- “如果是○○就好了。”
- “我已经做了□□，所以你也应该做……”

第六章

这种时候怎么办？不同场景下的表达方式

生活篇

生活中，我们会跟各种各样的人打交道，比如家人、朋友以及自己重视的其他人。本章中将列举各种场景的事例，教你什么时候该说什么、如何说话才能拉近与对方的距离、如何说话才能更好地传达自己的心情、如何说话才能直击对方心灵等。

01

想在初次见面时，给今后可能要打交道的人留下好印象

例： “初次见面，我叫○○。请多多关照！”

重点

- 一般来说，平均七八秒就决定了一个人留给他人的第一印象。
- 打招呼时面带微笑、声音洪亮是第一要点。
- 自报家门时要说全名。

第一印象的好坏，可能决定了今后的相处情况。初次见面的瞬间所留下的印象非常具有影响力。

跟年长或是地位高的人，在某种程度上关系变得比较好之后，如果说话过于恭敬反而显得生分。这个时候，可以表现得亲密一些。但是“亲密”也有不可僭越的界限。

见面时、分别之际打招呼，以及说感谢的话等，都要礼貌地表达。

△

“在下是○○。”

“是这样的呢。”

“确实如您所说。”

◎

“我是○○。”

“是的呢。”

“如你所说。”

02

想要恰当地表达喜悦、悲伤和生气

对方能够理解的表达

- 非语言表达（包括表情、态度、声调、说法等）要与情绪一致。
- 表达要清楚明了，让对方理解你的真实想法。
- 说话时要以“我”为主语。
- 重要的是，要如实地面对自己的情绪。

“○○你帮了我，真的是太开心了！”
“我很失望你没能守约……”

对方无法理解的表达

- 非语言表达和情绪不一致。
- 难以理解你为何表现出这样的情绪。
- 表达“生气”“悲伤”等消极情绪时，怪罪到别人头上。

> **“是你让我生气的！”**
> **“我这么想都怪你！”**

03 别人来找自己诉说烦心事

✕ “那么，这么做比较好。”

对方一般希望你先理解他的心情，而不是立马寻求解决方法。

✕ “有些糟糕，但你要加油。”

失落的时候被告知“加油”，有的人可能会更加痛苦。

◎ **“发生了这样的事情，一定很痛苦吧！”**

不要急于鼓励，而要先站在对方的角度倾听。

对方总是在说同一个烦恼

不管你给对方提什么意见，都被“但是……”打了回来，而且对方还一直重复讲述着同一个烦恼。面对这样的情况，你可以采用两种表达方式。

“那你最终想要怎么做呢？”

“我已经把我的想法说完了，之后就是你来做决定了。”

说明自己已经无话可说。

04

向不知道在想什么的人寻求意见

“我不知道你心里到底是怎么想的。”

不要责备对方。

“反正，我觉得你是□□想的。”

不要随意猜测，说一些让人反感的话。

“关于□□，我想听听你的意见。”

采用拜托式的询问，对方就会愿意“听下去”。

技高一筹的建议

必须与讨厌的人或不合的人打交道时

谁都有讨厌的人、不合的人，但是有时又不能避免与其打交道。这个时候，如果过度反应出“讨厌”“不合”，就极有可能让对方察觉。而且，如果老是惦记着“讨厌”这件事，就会时刻觉得这个人言行举止都让人讨厌。

这种情况下，打交道的时候可以随意一些。不做多余的交流。打招呼、工作或者是职责上必须交流时，不要变成纵向的关系。说话时不要责备对方，也不要过分地恭敬迎合对方。

05

想对心仪之人表明心迹

对意中人告白时总是容易紧张。当我们犹豫要不要告白，不知道如何告诉对方自己的想法时，可以参考以下几点：

不管得到对方什么样的回答，自己本身都没有被否定。

下不了决心要告白时，想一想如果不说的话是否会后悔。

如果觉得“不说就会后悔”，那你就会拿定主意。

“我喜欢你。”

重点

- 句子说完整。
- 以坦率的态度，真诚地说。

06

对闭口不谈未来的恋人，想要问问婚事

✖ “对我，你是怎么考虑的？”
“你有认真考虑将来吗？”

责备之后，对方就会退缩或者逃避。

✖ “我非常担心你听了这话之后不开心，希望不要破坏你的心情……”

拐弯抹角地说，别人难以理解。

“说实话，我一直犹豫该怎么讲才好。
关于我们的将来，我有话想对你说。
我们交往三年了，我想问问关于结婚，
你是怎么考虑的？”

重点

表达真实的心情（如犹豫如何开口等），会使自己的想法直抵对方内心。

07 难以表达“寂寞”的心情

有人觉得如果对恋人说“不回复我，我有些失落”就输了。明明自己的心情是落寞的，却顽固地不想承认。责备对方之后，两人又会闹别扭。这种情况下，就要养成正视并如实表达自己真实心情的习惯。

✖ “为什么不马上回我短信？”
“为什么周末不见面？”

只要想着输赢，就无法跟对方建立和谐的关系。

重点

- 比起紧盯着对方“没有为我做○○”的不足之处进行责备，不如讲讲自己的真实心情。
- 讲完自己的真实心情之后，对方也会变得真诚，且更容易理解你的想法。

“因为你没回我短信，我一直担心着。”
“最近我们没有碰面，我有些失落。”

08

对父母表达意见时，不要怒气冲冲

不管自己的孩子多大了，做父母的都爱唠唠叨叨。“希望这样”“应该如此”……越是身边亲近的人，这种想法越强烈。虽然我们理解父母的心情，但还是要表达自己的想法，明确界限。

父母说：“早点结婚哦。○○也要结婚了吧！”

✕ “什么都要唠叨。能不能不要管我！”

◎ **“我知道你们担心我，我会认真考虑的，希望你们默默关注就可以了。有好消息，我会及时分享的。”**

技高一筹的建议

“不说、不生气”不等于“放弃、输了”

有人认为生气时要是不发脾气、什么都不说，就是输了、放弃了。

在分析判断之后，决定“这个暂且不说了”“这件事情犯不着发火”，意味着你能根据状况判断怎么做才好。其结果是能够不责备自己或者对方，从而能对自己的情绪和选择负责，这有助于让自己成为一个独立的人。

专栏

想要与未婚妻（夫）确认的事

- 钱
- 家庭财政大权谁来掌管
- 双职工家庭，家庭收支如何分配
- 想要给父母寄生活费，如何商量
- 关于消费的价值观达成一致（考虑什么事情上花费多少）

虽然钱对于夫妻二人是非常重要的，但出人意料的是，一开始没谈清楚的夫妻有很多，进而导致之后吵架的情况经常发生。

在面对钱的问题上，首先，不要强迫对方接受自己的价值观，要心平气和地说自己想怎么做。

其次，也要听取对方的意见。关于在什么方面花费多少钱，一边给对方看具体数字，一边说明，比较好。

- 工作、家务、育儿的事
- 结婚后，生完小孩是要继续工作还是辞职
- 家务如何分担

……

关于家务分配一事，一开始“因为双方都要工作，所以要大家一起分担”，但决定时没有明确分工，一起生活之后，一方不满的情况常有发生。

“做到这个程度难道不可以？”“不用说也应该知道！”心情烦躁成为吵架导火索的情况，常常发生在家务繁重的女性身上。为了避免这样的事情，建议大家先决定好具体分配方案（扫地、洗衣服、做饭、倒垃圾等）。

09

想要对育儿不积极的丈夫提意见

✕ 你都没有做父亲的自觉性！

◎ **“你帮帮我，咱们一起照顾孩子。你能帮我做□□吗？”**

重点

- 即使这样责备丈夫，他也不会做出你所期待的行动。
- 如果没说清楚丈夫什么地方不好，他有可能会困惑、生气。

说过头之后的补救（身边的人）

“昨天我也说得过火了，对不住了。”

对自己失控的情绪，真诚地道歉。

技高一筹的说法

“感谢你一直帮我做○○。”

“你一直帮我做○○，真是帮了我大忙。”

平时经常口头向对方表达感谢，就不容易起纷争了。

专栏

男女对话的差异

烦恼时

有烦恼的时候，男性重视解决问题，通常寻求如何做比较好的解决方案。女性则寻求情感共鸣，重视别人理解自己的情绪。

因此，当女性寻求商量时，如果你先不要提供“这么做比较好”之类的解决方案，而是一边表达“这真的很糟糕”“真是苦恼”的同感，一边倾听，效果会更好。

当女性生气的时候，要避免“你因为什么事情如此生气”“不要生气了”这样的表达。另外，敷衍地说“对不起，对不起”，如果让她知道你道歉只是为了早点收场，只会更加地惹她生气。如果要道歉的话，就要注意到对方的第一级情绪（参考本书第 65 页），通过说“对不起让你伤心了”“让你难过了”，来表达你的心情。

专栏

男女对话的差异

想要认可对方时

当女性被别人认可自己正在努力的事项时，就会觉得被理解，从而感到特别高兴。“你很努力哟”就是如此。

而且，当女性被认可对谁有帮助时，也会感到开心，所以不要吝惜对她表达感激之情，如“谢谢你”“你真是帮了我大忙”等。与此相对的，男性如果被认可对社会是有帮助的，就会感到开心。比如，自己的功劳被团队认可，或者是被社会高度评价。

“多亏了○○，我们小组的业绩增长了。”
“在这个领域里，○○你是最厉害的。”
“○○部长很开心哦。”

根据男女对话的差异，分情况表达，效果会让你大吃一惊。

后记

“户田，你作为讲师想更上一层楼的话，跟着岩井俊宪先生学习激发勇气的学问——阿德勒心理学，比较好。”

几年前，我在做企业培训时，非常照顾我的负责培训的部长这么对我说过。

在很多次的培训过程中，我认为沟通力不仅仅是技巧，所以一直说：“要相信自己本身，以相互信任为基础，掌握沟通力。”但是这个思想如何传达比较好……是我一直都在思考的问题。

在受到部长指点之后，我立马拜读了岩井先生的著作。在他的博客上写下自己的感想后，竟然得到了岩井先生本人的点评。这样的机缘巧合，让我得以直接拜访先生，并开始听先生的讲座。从岩井先生那里学到的阿德勒心理学，正好契合之前自己苦苦思考的问题，而这对于我自身也是必要的。

首先，我得到了激发自身的勇气，明白了不与他人做比较，认可不完美的自己的重要性。其次，我获得了不能如愿以偿时，不责备自己和他人，而去努力解决问题的力量。

本书列举了我负责培训时的众多案例，并介绍了如何表达、如何倾听的技巧，以及这些技巧的基础逻辑。

在人际关系中，思考“这个时候该怎么办”之后，应该不责备自己和对方，在相互信赖的前提下进行沟通。希望这样的人越来越多，我带着这样的期待写完了这本书。非常感谢您读到最后。

在本书执笔之际，我非常感谢鼓励我，爽快地答应做本书审订的阿德勒心理学老师——岩井俊宪先生。

此外，为了理解和智慧地应对最常见的“愤怒”情绪，我也介绍了愤怒管理的相关内容。在此，向指导我学习愤怒管理的日本愤怒管理协会代表理事安藤俊介先生，推荐我学习阿德勒心理学的冈幸弘先生，以及给我勇气的星野友绘女士，表示由衷的感谢。

最后，感谢一直信任我、守护我的父母，支持我工作和本书出版的丈夫以及儿子。

由衷地谢谢大家。

户田久实

户田久实（TODA KUMI）

日本愤怒管理协会代表董事。毕业于立教大学，曾任职于大型企业，后来成为培训讲师。针对银行、制药公司、综合商业公司和电信公司等大型民营企业及政府机关，举办以“沟通术”为主题的培训与讲座，学员广泛，包含公务员、高级主管、经营者等。

拥有 20 多年讲师经历，因沟通课程特别强调遣词用字的技巧，深获好评。每年指导 5000 多名学员，累计培训人数达 10 万。著有《从零开始学客户服务》。

岩井俊宪（IWAI TOSHINORI）

阿德勒心理学咨询指导师、中小企业评估人。从早稻田大学毕业后，担任过外资企业的高管，1985 年创立人类工会（human guild）有限公司，任董事长。每年面向企业、自治团体、个人开展演讲和培训。著书众多，包括《漫画教你快速读懂阿德勒心理学》等畅销书。